AF591359

IL BACIO

Monologo
di
Michele Sarrica

Posizione SIAE 79399

ISBN 978-1-4466-7491-8

Grafica e copertina "I prodromi del bacio"
di *Francesco Gallina*

www.michelesarrica.it
michelesarrica@interfree.it

IL BACIO

Monologo
di
Michele Sarrica

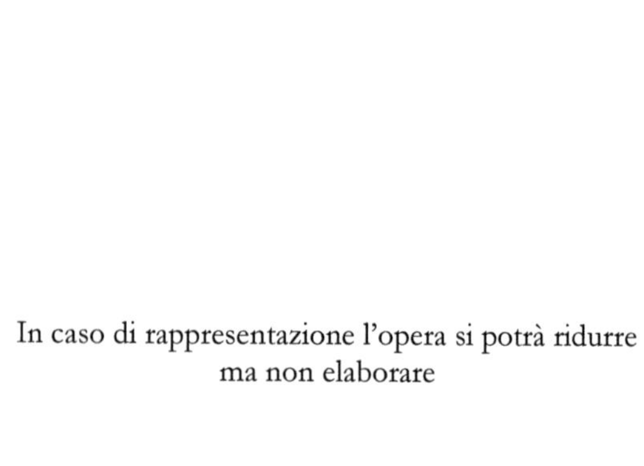

IL BACIO

Dissertazione sulle cause e sugli effetti intercorsi prima, durante e dopo un rapporto emotivo-sessuale medico-scientifico-sensoriale

Monologo
di
Michele Sarrica

Cari amici, colleghi, curiosi, buona sera! Come ben sapete, io sono… *(inserire il nome di chi recita o uno inventato)* colui che questa sera vi prenderà per mano e vi condurrà tra i meandri delle sensazioni provocate dal bacio. Tocca a me darvi il benvenuto a questo primo raduno organizzato dalla C.E.S.S.O.S. ovvero sia: *(Centro Extra Scientifico Sviluppo Organico Sessuale)*. Non mi soffermerò sulle competenze di questo grande Centro perché oggi, nel mondo, basta dire Cessos per sapere già di che si tratta.

La mia modestissima prolusione ruoterà attorno al pianeta delle sensazioni, oserei dire, attorno alla galassia delle vibrazioni, poiché di vibrazioni si tratta quando tra due esseri scatta il desiderio di dare e di ricevere un bacio. Bacio, come primo sintomo di un rapporto più intenso, più profondo, più elaborato e piacevole, almeno nella stragrande maggioranza.

Non è compito mio parlare del bacio facendo riferimento anche al sesso di coloro che se lo scambiano. Il mio compito è di parlarvi del bacio, sia dal punto di vista emotivo-sessuale, sia dal punto di vista squisitamente medico-scientifico-sensoriale, o quasi!

Prima di iniziare, come ormai di pragmatica, *(se non sapete cosa significa pragmatica andatevene a casa!)* desidero porvi alcune domandine, abbastanza facili. Ditemi, lo sapete cos'è un bacio? Lo sapete cosa succede durante il bacio? E lo sapete cosa succede dopo il bacio?...

(Scusate!... Se a voi due, che continuate a parlare, la mia relazione non interessa, allora siete pregati di uscire. Se invece avete già dimestichezza con

l'argomento, allora perché state ancora qui ad oziare?... Via!)

Io, signore e signori, sono un tipo abbastanza calmo, riflessivo, ma quando mi accorgo di certi atteggiamenti, divento un animale, anzi, una bestia!… Scusate!... Io, comunque, mi rivolgo soltanto a chi crede nella biologia, nella sessuologia, nella scientologia, nell'albagia, nella pulbagia...

(Chi di voi ha sussurrato matematica è pregato di uscire fuori!...)

Come stavo per dirvi, prima di essere interrotto dal nipote di Albert Einstein, io mi rivolgo soltanto a chi desidera comprendere certi meccanismi messi in moto dalla natura per migliorare la qualità della sua vita, della sua esistenza, dei suoi rapporti intro ed extra uterini. Gli altri, che si arrangino da soli!

Dunque, dal punto di vista poetico sul bacio si sono sprecati fiumi d'inchiostro, oceani di parole, tsunami di versi. Si è calcolato che se facessimo una catasta di libri di poesie, uno sull'altro, la catasta potrebbe arrivare fin sulla luna. Il ritorno non è ancora garantito! Ma sappiate che stiamo lavorando anche per ottenere questo straordinario successo: andata e ritorno dalla luna su nobili gradini formati da cataste di libri! Immaginate, cari amici, quale significato potrebbe assumere tale atteggiamento consumistico nel senso antropologico, ecologico, metafisico, psicologico, psico-sentimentale, psico-grammaticale. Immaginate?... Forza, immaginate!... Spremetevi!...

(Signora, lei non si spreme abbastanza! O ci prova seriamente o va via!..)

È un successo dell'umanità dolente e gaudente o per caso è l'infelice coagulazione di quello spreco di vita ritenuta indegna? È una fatale conseguenza di un masochismo allitterato, conscio delle sue eresie, o è per caso l'auto distruzione del superfluo che il poeta espelle dai pori delle sensazioni attraverso la messa in moto delle sue emozioni?

Ai "posteriori" l'ardua sentenza!

Secondo me, comunque, i versi più belli e più famosi, quelli che quasi tutti abbiamo letto dopo aver scartato un cioccolatino, sono questi: *"il bacio è una parentesi rosa posta tra due accenti"*. E qui il color rosa sta certamente per bocca, poiché due bocche nell'atto del bacio formano, in effetti, una sola bocca, mentre i due accenti... cosa rappresentano, in metafora, i due accenti? Ve lo dico io! I due accenti non sono altro che le lingue, le lingue che cercano delle desinenze comuni, una radice da cui estrarre e suggere le stesse conclusioni, la medesima matrice genetica per continuare il percorso della vita entro i binari della specie umana, quella specie in fase d'estinzione, ma ancora in cerca di contatti originali e naturali, così come comanda Dio, il nostro super creatore!

Se noi potessimo vedere le nostre amate lingue attraverso un'ispezione radiografica in tempo reale, cosa vedremmo, noi?...

(Chi lo sa è pregato di tacere, chi non lo sa non faccia finta di saperlo! Chiaro?...)

Ve lo dico io!... Noi, vedremmo due accenti, uno grave e uno acuto, in cerca di qualcosa dove posarsi per estrinsecare la loro volontà generativa e divenire un solo accento: un accento circonflesso! Vedremmo l'ombra di due piccoli serpentelli che si sfregano, si cercano, si allontanano, simili a canne al vento. Non si sa cosa cerchino ma si sa chi le muove e non sempre chi le muove sa bene cosa fare!... Capita di osservare che mentre una lingua, diciamo quella più evoluta, la meno morta, va in senso orario, l'altra, quella in fase di ristrutturazione ormonale, gira in senso contrario, e, quindi, nel nostro caso, le due lingue si comporterebbero, esattamente, come due parallele che non s'incontrano mai. Mai!... E allora, diciamo noi scienziati, perché tutto questo spreco di energie, di succhi gastrici, di salivazione eccessiva se l'incontro non avverrà mai?... Non è facile comprendere tale comportamento, ma spero di farvelo capire, con semplicità, attraverso la paragnostica, la parafrasi riflessiva endo e monozicotica, la fisiognomica acclarata, il mistero dei numeri primi e il linguaggio della poesia!... Chiaro?...

Io, modestamente, avendo in pectoris un po' di quella dantesca percezione, poiché anche in me qualcosa *"ditta dentro"*, mi sono permesso di scrivere due versi parafrasando quelli più famosi di cui abbiamo già lasciato intendere il nome del grande Autore: Pascoli! Ascoltate! "L'amore è un semaforo verde posto all'incrocio di due cuori". Che ne pensate?...

Ho espulso dal mio status sentimentale un po' di cellulite emozionale? Sì o no?... Votate!... Ma certo!.. Difatti mi sento meno pesante!... Quindi, le due lingue, trovandosi ferme dinanzi ad un semaforo rosso, cosa escogitano, tanto per passare un po' di tempo in attesa del verde? Iniziano a fare quattro passi, a sgranchirsi le gambe. Bisogna riscaldare i muscoli prima d'iniziare la danza dei colori, e per colori non intendo il semaforo, ma le varie possessioni ben note nel libro dei libri: Il Kamasutrino per i principianti. Perché da quel momento in poi ne combineranno di tutti i colori!... E non sto qui ad analizzare simile atteggiamento poiché non è il caso di fare gossip in quanto simile lezione è demandata nei giorni prefestivi!... Ci siamo capiti?... Bene!...

Poi, continuando nella disamina poetica, sicuramente molti di noi hanno anche letto o sentito delle frasi o degli assiomi dove l'ispirazione è stata generata proprio dal bacio, difatti si dice: *"chi di bacio ferisce di bacio perisce"*! *"Di troppi baci non è morto mai nessuno"*, firmato *Lucrezia Borgia*! *"Per un bacio Martin perse la cappa"*! *"Datemi un bacio e vi solleverò il mondo"*, firmato: anonimo presuntuoso!...

Eh, no, caro il mio anonimo presuntuoso, se tu ti fossi limitato a scrivere *"datemi un bacio e vi solleverò quel coso"*, e per *"coso"* facciamo finta di parlare del braccio, allora saresti stato credibile! Ma santo il *Signore*, come si può, con un bacio, sollevare il mondo?... Ah, forse ho capito!... Forse tu per mondo intendevi il *"coso"*, cioè, il braccio? Se così fosse, devo ammettere che di fantasia ne avevi da vendere! *"Datemi un bacio e vi solleverò il mondo"*!.. Però, credimi, la tua metafora è troppo azzardata! Difatti, secondo me, le donne nemmeno si avvicinano ad uno con queste capacità! Pensano: cribbio, e se questo il mondo lo solleva davvero! La colpa di chi sarà, sua o mia?... E così, se ne stanno alla larga!... E tu, caro presuntuoso, continuerai a fare il passero solitario, il boscaiolo!... E per boscaiolo non intendo colui che sega gli alberi! Chiaro?...

Hai decriptato la metafora o devo dire pane al vino e vino al pane?...

(Signora, visto che lei sembra che abbia capito quasi tutto, vuole spiegare a suo marito il senso del discorso?...)

Comunque, devo confessarvi che secondo me, il più bel testamento spirituale, a proposito di baci, lo ha lasciato *San Paolo* in una lettera ai *Corinzi* dove dice: *"bacia il prossimo tuo come te stesso"*! È troppo forte!... Troppo!... Dico io, ma come cavolo fa un essere umano, a due zampe, e con due sole braccia, a baciare se stesso? Potrà mai, un uomo, baciare le sue stesse labbra?... Rispondete!... Nooo!... Potrà mai, una donna, baciare i suoi stessi occhi?... Nooo! E potrà mai un essere pensante leccarsi il muco del suo stesso naso?... Cosa, avete pensato e detto no?... Scemi!... Certo che un essere pensante può leccarsi il proprio muco, perché il muco, grazia alla Newtiana forza di gravità, cola!... Anzi, scola!... E la bocca, vi ricordo, è proprio sotto il naso!... Capito?... Sotto, e non sopra!... Per punizione, tutti quelli che hanno detto sì, sono pregati di leccare il muco del vicino!...

E allora, caro *Paolo*, caro amico che scrivevi sempre lettere ai *Corinzi*, lasciamo stare i paragoni che non reggono, ok?...

E così, care signore e cari signori, con queste belle frasi si potrebbe continuare all'infinito! Ma il mio intervento, ovviamente, si propone altre finalità! Questa sera, quando uscirete da qui, se uscirete, tutti dovrete sapere, almeno in teoria, che cos'è un bacio!

(E quando dico tutti dico anche a lei signora, a lei che fa le prove con suo marito!... È suo marito?... No!... Allora mi scusi!... Continui!...)

Ma, in effetti, cosa si prova durante il bacio? Eccitazione?... Piacere?... Disgusto?...

Andiamo per ordine.

Premesso che l'eccitazione oltre ad essere un fatto naturale è anche un fatto cerebrale, si deduce quanto segue: si prova eccitazione se mentre si scambia il bacio si pensa anche al dopo bacio. L'eccitazione avviene, soltanto se il soggetto che compie l'azione è pienamente convinto di saper giocare bene la sua partita, e fino in fondo. Se così non fosse, se si ha qualche malaugurato dubbio sulle proprie capacità, allora è la fine!... In questi dannati casi si ricorre al mal di testa, alla coscienza, ai sensi di colpa. Nel primo caso la scenetta avrebbe questa classica impostazione.

Lui

(*incapace di guardarla negli occhi e balbettando*) Scusami, cara, ma non me la sento! Non so cosa mi stia capitando!

Lei

(preoccupata) Ti senti bene, caro!

Lui

Sì!... Anzi, non so, non saprei!

Lei

Ti prego, non farmi preoccupare!

Lui

(per farla preoccupare) Non so, all'improvviso... ho sentito... sento...

Lei

(preoccupata) Chiamiamo il medico?

Lui

Il medico?... Qui?... In macchina?....

Lei

Ti accompagno al pronto soccorso?

Lui

No, grazie!... Mi sto riprendendo!

Lei

Meno male!

Lui

Scusami, ma io... io...

Lei

Tu?...

Lui

In questo momento, ma solo in questo preciso momento...

Lei

Hai mal di testa?

Lui

Sì!... Un grosso mal di testa!...

Lei

Vuoi una ciungam alla cannella?...

Lui

No, grazie!...

Lei

Non fare complimenti!...

Lui

(Pensa: ma che cazzo c'entra la ciungam alla cannella col mio mal di testa?) Il fatto è che io, io non me la sento di... di...

Lei

Ma cosa vai dicendo? Non è il caso che tu pensi a... a...

Lui

Grazie!...

Lei

Quando si ha mal di testa, nemmeno i mandrilli riescono a tirare fuori gli attributi!... Sapessi quanti ne ho visti palloni sgonfiati!...

Lui

Grazie per la comprensione!...

Lei

Di nulla!... Sarà per un'altra volta!... Io sono sempre qui!... Tra Viale Sempione e lo Stadio Comunale!... Bussa che ti sarà aperto!...

Lui

Per favore, mi accompagni a casa?

E così, lei, l'accompagna a casa mentre lui continua a toccarsi lo stomaco e la testa, tanto per continuare la sceneggiata.

La medesima situazione, tra persone socialmente più elevate, avrebbe, su per giù, quest'andamento. Luogo d'incontro: stanza di un albergo a cinque stelle, forse anche a sei.

Lui

(Diplomatico inglese, con erre moscia, come tutto il resto) Scusami, cara, scusami!... Ti prego di comprendermi!... Non me la sento di tradire la buona fede di tuo marito, il mio più grande amico e collega! Non è giusto tradire l'innocenza dei tuoi figli che mi chiamano

zio, oncle Jo'! Non me la sento di dare un colpo al cuore alla tua cara e meravigliosa suocera, grandma, che ogni volta che mi vede mi accoglie come se vedesse in me un figlio, one son! Non è giusto! Fermiamoci, finché siamo in tempo!

Lei

(di origine siciliana risponderebbe così) Ma si può sapere che minchia te ne fotte dei miei parenti, eh?...

Lui

(essendo anche d'origine anglosassone ricorrerebbe ai suoi familiari per farsi compatire) Io non me la sento di tradire la fiducia della mia affettuosa consorte! Non me la sento!

Lei

Affettuosa? Ma se sono già tre secoli che non te la dà più! Che nemmeno te la fa vedere col binocolo! Ma che cazzate stai dicendo, Jo'! Giovanni di merda!

Lui

Ti prego, non confondere il sesso con l'amore!

Lei

Amore? Di quale amore parli, eh? Delle corna che porti sulla testa? Cervo!...

Lui

Mia moglie ha sbagliato solo due volte, una volta con tuo marito e un'altra volta con un suo collega. Me lo ha confessato ed io l'ho perdonata... to pardon!

Lei

(incazzata) To pardon a sto cazzo!.. Sai che ti dico, inglesuccio di merda? Tieniti a quella troiana di tua moglie e tutte le corna che porti sulla testa!... Io ti saluto!... E non venirmi più a rompere i santissimi cotillon, chiaro?... Fennel!... Ball-shit!... Salaam-pitch!... Va-ffan-cu-lo!... Tiè!'

(E incazzata e seminuda, esce sbattendogli la porta in faccia).

Poi c'è il tipo più viscido, tutto casa e chiesa per intenderci, l'omuncolo incapace d'inventarsi delle scuse un tantino plausibili. Per avvalorare la sua onestà e i suoi sentimenti, comincia a sparare delle cazzate moraleggianti in grado di far sgonfiare le tette anche ad una vacca vergine.

Alla fine, quando sta per annegare nella sua stessa retorica, vorrei dire, nella sue stesse scuse del cavolo, ricorre alla re-li-gio-ne, quella che gli ha sempre insegnato che fare sesso è peccato, un grande peccato mortale, e che i figli nascono per volere divino.

A proposito, mi corre l'obbligo di richiamare i fantasmi della società bigotta di quei tempi, per rimproverare i suoi rappresentanti che mai, e sottolineo mai, dissero a mio padre che *"per volere divino"* non voleva dire, per volere del vi-no! Lui, per questa evidente lacuna culturale, continuava ad ubriacarsi e, stranamente, la sua famiglia continuava a moltiplicarsi! Miracoli della partenogenesi.

Nel frattempo, i nostri amati preti e i nostri amatissimi monaci questuanti, intrattenevano, piacevolmente, affettuose amicizie con le nostre vicine di casa, le nostre care zie, le nostre care sorelle e, forse, anche con le nostre care madri! In fondo, sotto l'abito talare, batteva e batte ancora un cuore d'uomo! Questo non possiamo negarlo! Però, ai nostri amati e carissimi fratelli, che per amore nostro hanno scelto la via crucis, la via della carità, *(quella che viene fatta a loro)* la via dell'obbedienza, *(al Vaticano, s'intende!)* oltre alla crudele via della castità, possiamo negare, almeno, le nostre mogli?… Sì o no?... Votate il referendum!... Ma certo che no: un po' per uno non fa male a nessuno!...

Ho notato, negli ultimi tempi, che mia moglie va a confessarsi tre volte al giorno! Dico, ma che peccati peccaminosi avrà commesso mai?... E invece i peccati ci sono! Non so con chi li commette, ma ci sono!… Se si confessa di sera è chiaro che ha peccato di mattina! E se si confessa di mattina, è chiaro che ha peccato di sera! La notte, ogni tanto, pecca con me, ma quelli non si devono confessare: padre Liborio sostiene che quelli non sono peccati, ma sacri doveri familiari ottemperati all'interno della coppia! E allora, peccherà o non peccherà?... E con chi peccherà se non pecca con me?... dio, che dramma, che dramma!... Vi confesso che da un po' di tempo, qui, proprio sulla fronte, qui, dove mi sto toccando, avverto un certo rigonfiamento e un certo dolorino!... Saranno i prodromi del tradimento?... Ai posteri l'ardua sentenza!... E così, cari amici, a proposito di peccati, tutto diventa un circolo vizioso! Più pecchi e più ti devi confessare! Più ti confessi e più pecchi! È come il cane che si morde la coda! No, scusate, questo esempio non c'entra un fico secco ma, in questo istante, non me ne vengono in mente degli altri più appropriati.

Comunque, come stavo dicendovi a proposito di vino e del divino, in quei tempi preistorici, nelle grotte, nelle stalle, sotto i broccoli, nascevano i figli della provvidenza. Non della signora *Provvidenza*, mia vicina di casa, no, parlo della provvidenza divina. Difatti, di quei tempi, molte donne vergini, adolescenti, venivano fecondate artificialmente, per virtù dello spirito santo, spirito che scendeva su di loro e le benediceva!... Miiiii, se le benediceva!... E che cos'è uno spirito santo che benedice col suo aspersorio una bella figliola?... Come lo vogliamo chiamare, benefattore dell'umanità?... Nooo! Altruista?... Nooo!... Pedofilo?... Ma nemmeno per sogno!... E allora ci limitiamo a chiamarlo furbacchietto?... Sììì!...

(Chi ha detto no, vada via!... Complice!...)

E secondo le leggi dell'uomo, che reati commette uno spirito santo furbacchietto?... Un incesto?.... Nooo!... Uno stupro?... Ma nemmeno per sogno!... Un atto d'amore?... Sììì!... Egli commette un atto d'amore!

(Chi ha detto no segua la signora ch'è uscita prima!)

Lo spirito santo commette un atto d'amore poiché si abbassa fino a noi, esseri terra-terra, per inseminare una ragazza vergine, bella, come lo può essere ogni bambina, e anche pia, come lo può essere una bambina timorosa, innocente, senza voce!... È questo secondo voi ciò che combina il nostro vecchio e buon creatore?.. No, io dico di no!... Lui ci ama, ci protegge, non ci usa ne ci abusa!...

E poi, dico io, ma perché, con tutte le buone e sante donne che ci sono in paradiso, dovrebbe fregarci una donna, una santa donna? Quale assatanamento erotico potrebbe mai sconvolgere la sua riservatezza fino a fargli rompere il trattato di leale concorrenza con il figlio uomo?... Pensate, voi, che in paradiso, Egli, se lo desidera, non si potrebbe creare un harem speciale, ma così speciale che nessun uomo, mai, potrebbe emularlo e condividere?...

E allora, chi ha parlato dello spirito santo in questi termini così avvilenti?... Chi gli ha fatto commettere queste azioni abominevoli per giustificare i suoi misfatti?... Ma i potenti, i potenti della terra, quelli che hanno schiavizzato, torturato, tenuti schiavi e alla gogna le genti e i popoli e per una strana ma comune forma di albagia si sono sostituiti anche a Dio, al nostro Dio, buono e onnipotente, padre e fratello di ogni uomo, di ogni filo d'erba, di ogni formica.

Ecco, quando penso a queste cose, mi vengono in mente una valanga di domande!... Domande che non avranno mai risposta!... Tutto, come ben sapete, è stato messo a tacere e nessun Codice da Vinci potrà mai svelarci la vera versione dei fatti e dei misfatti, tranne che… tranne che, Egli, in persona, non venga a darci la sua versione e ci spieghi, per filo e per segno, che piacere può provare un vecchio Dio, ultra millenario, con una ragazzina appena sbocciata alla vita! E se il fine giustifica i mezzi, a me sembra che il mezzo non poteva essere un mezzo qualsiasi, normale, per intenderci, ma doveva avere, per forza di cose, delle connotazioni XL, extra large inimitabili, con stelline e diamantini incastonati e defibrillatore automatico attaccato ai testicoli giganti sorretti, quantomeno, da due angeli.

(Se lei, che alza la mano, non ha capito, è inutile che io le rispieghi il tutto, dall'inizio! Taccia e continui a sbadigliare!)

Scusate l'interruzione!... Come stavo per dirvi, se io mi fossi comportato alla stessa stregua del buon spirito santo, visto e considerato i nostri tabù, avrei commesso un atto sessuale così aberrante, ma così aberrante che molti altri uomini mi avrebbero sicuramente invidiato. Mi avrebbero invidiato così profondamente che, come minimo, mi avrebbero condannato alla sedia elettrica! E avrebbero goduto! Minchia, se avrebbero goduto nel vedermi nebulizzare!... Questa, signore e signori, è una delle settemila differenze che intercorrono tra i sovrani e gli schiavi, tra chi governa e detta leggi e chi subisce e detta i compiti soltanto ai propri figli, e non sempre con successo!

A questo punto, vi chiedo: secondo voi, il peccato esiste o non esiste?... Sì?... Avete detto sì?... Bravi, noto che siete preparati!... Certo che il peccato esiste ma, in effetti, quand'è che noi ci accorgiamo di aver commesso un peccato? Quando leggiamo l'avvocato nel cassetto, o quando la coscienza ci avverte mollandoci due schiaffoni?... Sì, amici, perché anche la coscienza fa parte dell'uomo!... Però, visto che nell'uomo non c'è nulla d'infallibile, io vi domando: e se la nostra coscienza, in quel momento, in cui stavamo peccando, stava riposando? Se in quel preciso momento non era connessa o per caso avevamo dimenticato d'incorporarla nella nostra anima? O se, in quell'attimo, in cui eravamo in preda al raptus della libido e del peccato, la nostra amata coscienza aveva le batterie scariche o il suo software non era aggiornato, che fa, allora, il peccato commesso non sarebbe stato più peccato?... Supponiamo che la nostra coscienza, per cause a noi ignote, non riesca a mettersi in contatto con il diretto interessato, allora, siccome il reato commesso non è stato comunicato all'interessato, né notificato, noi, proprietari di quella coscienza, possiamo continuare ad ammazzare, a stuprare, a fare i cavoli nostri?... No, cari amici, no!... In verità, in verità vi dico che noi ci accorgiamo del peccato, anche in altri modi più espliciti, ad esempio, quando torniamo a casa e nostra moglie ci dice: peccato, sei tornato troppo tardi e tuo figlio si è mangiato pure la tua cena! Che peccato!...

Altro classico esempio è quando incontriamo un amico e questi ci rimprovera dicendoci: ma dove cavolo sei stato? Ieri ti ho cercato tutta la giornata, tutta la serata! Peccato, avevo due bionde fra le mani, due, e tu sempre con sto cazzo di telefonino spento, irraggiungibile!... Peccato!... Ho dovuto fare tutto da solo!...

Tutto questo, signore e signori, può succedere, ovviamente, se il bacio, quale preludio dell'atto sessuale, suscita in noi una certa eccitazione fattiva, tutta da comprovare! Come accennatovi, nel preambolo iniziale, durante il bacio si può provare anche piacere! Il piacere della conquista, per esempio, poiché si pensa sempre di essere conquistatori, e mai di essere delle vittime, dei conquistati!...

A questo punto desidero porvi un'altra semplicissima domanda: secondo voi, durante il bacio, cosa si pensa?...

(Silenzio!... Nessuno parla!... Vedo che siete molto preparati!... State riflettendo?... Si sente!)

Bene, vi riformulo la domanda: voi, uomini, cosa pensate mentre sbaciucchiate la vostra amichetta?... Pensate alla spesa?... Nooo!... Pensate al rubinetto che gocciola!... Ma che ce ne frega del rubinetto che gocciola!... Pensate alla vostra pressione alta!... Ma certo che no!... Noi, maschietti, pensiamo sempre al dopo, al dopo bacio, ovviamente!... Al dopo, ch'è sempre meglio del prima!... Per prima cosa il maschio pensa: minchia, la lingua mi sta dando!... È fatta!... Fatta!... E continua, continua a baciare, a prolungare quel contatto, come a volere battere un record. Minchia, pensa il minchia, se smetto di baciarla lei potrebbe pensare che non mi va più, ci potrebbe rimanere male e addio al seguito! Se invece continuo, all'infinito, forse sarà lei a fare la prima mossa, la più audace, quella che non può dare adito a nessun dubbio come, ad esem-pio, sfilarsi la gonna, aprirmi la cerniera, senza pizzicare le ali dell'uccello, acchiap-parmi per le pelotas, soppesarle, mentre, con l'altra mano libera, lascia scivolare a terra la sua gonna, la sua sottoveste, le sue calze, i suoi reggi calze, le sue mutandine, il suo tanga, il suo tampax. Il tutto senza scollarsi dalle mie labbra nemmeno per prendere aria.

In casi del genere, con un atteggiamento così evidente, voi capirete che ci sta e, di conseguenza, mentre lei si denuda, voi con una mano vi slacciate la cinta dei pantaloni, quella maledetta cinta che non si riesce a slacciare nemmeno con due mani, poi vi sbottonate i pantaloni e, ancheggiando-ancheggiando, li lasciate scivolare ai vostri piedi. È così o non è così?... Ignoranti!... Così facendo, rimarrete con i piedi impigliati dentro le mutande e dentro i pantaloni. E, se per caso, vi dovesse necessitare di fare qualche passo, come, ad esempio, avvicinarsi al divano più vicino, vi muovereste a fatica, con una certa ridicolaggine e il ridicolo, in certi momenti, è sconsigliabile.

Potreste sembrare come uno che soffre di prostrata e se la sta facendo addosso! Un omuncolo ridicolo che cammina a gambe

strette per reggersi la vescica con le ginocchia!... Ignoranti!...
Ho capito, avete bisogno dei miei consigli. Ascoltate!...

Per prima cosa, toglietevi le scarpe ma senza mollare la presa. In certi casi sarebbe opportuno indossare dei mocassini, perché le scarpe allacciate non si lasciano sfilare tanto facilmente! I mocassini, invece, si tolgono senza l'ausilio delle mani. Basta poggiare il tallone sul polpaccio della gamba reggente e dare un colpo secco. Mi raccomando, dopo esservi tolto le scarpe, allontanatele con un calcetto di almeno tre metri. Questo serve ad evitare inalazioni putrescenti non confacenti al momento! Certe distrazioni olfattive potrebbero costarvi molto care. Tutti a letto ma senza cena!... Capita l'antifona?...

Sappiate che gli odori inadatti e sgradevoli distolgono facilmente l'attenzione della femmina, raramente quelle del maschio!

Lavatevi i piedi almeno prima di andare ad un convegno d'amore!... Sporcaccioni!... Poi, dopo aver fatto scivolare i pantaloni per terra, con un saltino portatevi oltre, onde

evitare di rimanerci intrappolati e fare qualche capriola inopportuna.
Successivamente, mentre con una mano la tenete ancora stretta a voi, per paura di suoi eventuali ripensamenti, con l'altra abbassatevi le mutande. In certi casi è preferibile indossare dei box, si sfilano con più facilità e hanno una bella apertura sul davanti. Ricordatevi, però, ché tale apertura si deve utilizzare solo in caso d'impellente e comprovata necessità!…

E passiamo ad un altro indumento molto delicato e compromettente: le calze!...

Signori, dite la verità, in determinate occasioni non sapete mai se toglierle o se lasciarle!... È vero?... Voi pensate: se le tolgo le do l'impressione del maschione, dell'uomo sicuro, virile, che non deve chiedere mai!... Se non le tolgo sembro un pirla!..

E poi, sempre a proposito di calze, vi lasciate assalire da altri cento dubbi: avrò o non avrò i piedi puliti?... Quando li ho lavati l'ultima volta? Con tutti quei calli e calletti che ho, come faccio a mostrale i miei piedi, nudi e crudi? Rischierei o non rischierei d'interrompere la sua evidente eccitazione?... E cosa penserà di me quando si accorgerà di quelle due dita sempre accavallate, indice sull'alluce, che anche a me fan venire da ridere?... E allora, viste le premesse, voi penserete: è meglio tenere le calze! Sono nere, sono a gamba lunga, le ho cambiate proprio l'altro ieri... ma saranno bucate?...

Domande, domande che vi passano per la mente, più veloci di Valentino Rossi, e che, in un certo qual modo, interferiscono con le sue e con le vostre prestazioni. Ma, ad interferire in maniera decisiva con le vostre potenzialità, è quel senso di disgusto che si può provare durante un bacio. Perché, diciamocelo francamente, si può provare anche disgusto, durante questa perfomance! E provare questa brutta sensazione è una tremenda causa afflosciante! Non so se vi è mai capitato, ma si prova davvero schifo quando si ha la sfortuna di baciarsi con una coccodrilla o con un ippopotamo. Non perché trattasi di animali pericolosi, no! Ma perché sono convinto che tra tutti quei dentini qualcuno cariato ci sarà pure! E allora, ecco una bocca da evitare, cosiddetta, bocca di cesso! Se sfortunatamente vi dovesse capitare di poggiare le vostre labbra in un cavità del genere, avrete la matematica certezza di capire la provenienza di quel disgusto. E mentre v'intratterrete per meglio elaborare un piano di fuga, penserete: ecco da dove proveniva quel tanfo!... Ecco la fogna!...

Eppure, signore e signori, basterebbe davvero molto poco per cambiare le sorti di quell'incontro linguistico. Molto poco!... Vediamo se siete preparati: secondo voi, basterebbe una chewingum per eliminare il cattivo sapore?... Noooo!... Basterebbe una mentina per eliminare il cattivo odore?... Ma quando mai!... E allora, basterebbero dieci chewingum e dieci mentine per evitare i fastidi contemporaneamente?...

(Chi ha risposto di sì è pregato di uscire!...)

Secondo alcuni studiosi, per far cambiare le sensazioni di fastidio e di nausea, basterebbe una piccola otturazione, e quando parlo di otturazione mi riferisco ai denti e non ad altri buchi sparsi per il corpo. Può darsi, rispondono altri studiosi, poiché le fonti del malaugurato lezzo possono essere altre.

E allora, cari amici, come individuarle queste fonti distraenti se si vuole una vita sessuale meno solitaria? In verità, in verità vi dico: perché ogni tanto non andate dal vostro Odontoiatra, dal vostro Ginecologo, dal vostro Endocrinologo o dal vostro Dietologo?... Che cavolo vi costa?... Un occhio della testa?... Bene!... Se il Signore ve ne ha dati due è segno che uno ve lo potete anche cavare!.. Non siate spilorci!... Farete un'opera di carità ai vostri consorti, che stanno morendo di tubercolosi asfittica dentaria, e un'azione gradita a chi è costretto a starvi vicino, compresa vostra suocera, ma, soprattutto, fareste un'opera misericordiosa a voi stessi, perché in confidenza vi dico che con l'alito fresco, voi, signori uomini, avreste a portata di bocca una marea di donne di tutti i gusti, di tutte le marche e di tutte le cilindrate, comprese le super carrozzate e le super molleggiate. È chiaro il concetto?... E anche voi, signore, avreste una marea di pesci lessi alla vostra mensa!... Mizzica, che soddisfazione, "fare l'amore con il sapore"!

Alla fine, se il malessere dovesse perdurare, allora vi suggerisco di lavarvi i denti con

WC NET, e il culo con il dentifricio!... Amen!...

A questo punto qualcuno potrebbe chiedersi: al disgusto si può aggiungere disgusto?...

(Chi pensa di sì, vada via, conosce la lezione! Chi pensa di no, rimanga, ha bisogno di ripasso!)

Dico, signore e signori, ci pensate mai a cosa succede durante un bacio, un solo miserabile bacio di media durata e di media intensità, come quelli che vi scambiate voi?... Chi è preparato in proposito?... Nessuno?... Lei, lei che ha alzato la mano, cosa si crede un saputello? Se conosce questa lezione perché non se la va a ripassare fuori?...

Io, mi domando: perché i ripetenti debbono sempre rompere i benedetti coglioni con le alzate di dito?... Presuntuosi!...

Dunque, miei gentili amici, voi che non sapete quasi nulla sul bacio, abbiate la compiacenza di ascoltarmi!... Non vi vergognate, prendete pure degli appunti!... Sul bracciolo della poltrona, lateralmente, vi abbiamo fatto trovare carta e penna!... Prego, prendete il materiale!... Signora, cerchi lateralmente!... Dall'altra parte, signora!.. E lei, signore, signore con l'abito scuro, scusi, non approfitti per toccare la coscia alla signora accanto!... E lei signora, lasci quel coso, non è il manico dell'ombrello!... Avete trovato?...

Fermi!... Fermi tutti!... Lasciate i manici degli ombrelli al loro posto e scusate per l'equivoco!... Mi fanno cenno che il materiale non è stato acquistato e, quindi, non è stato nemmeno inserito nelle tasche delle poltroncine!... Scusate!... Colpa della crisi!... Anzi, colpa dello Stato, esattamente, di Berlusconi!...

Comunque, prendete appunti mentalmente, costa meno!...

Riprendiamo la lezione!... Come molti di voi non sapranno, durante il bacio avviene una strana osmosi... Che vuol dire osmosi?

Chi lo sa è pregato di stare zitto e chi non lo sa è pregato di rispondere. Questa sera ho voglia di ascoltare delle cazzate!...

E che cosa avviene durante questo benedetto fenomeno?.... Ve lo dico dopo, dopo la pubblicità!

Durante l'osmosi, i batteri che abitavano nelle nostre gengive, nella nostra carie, sulla nostra lingua, emigrano, partono per altra bocca, ritenuta la loro terra promessa, il loro eden. Nel frattempo, i batteri che vivacchiavano nella bocca della nostra partner emigrano verso il nuovo mondo, la nostra cavità orale, alla scoperta di un altro minchione che li nutra e li faccia prosperare offrendo loro un habitat più confortevole di quello lasciato. Immaginate il traffico, la confusione, gli ingorghi che si vengono a creare!... Valigie, bagagli a mano, bambini e vecchietti, tutti in fermento per andare nel paradiso promesso!...

- Minchia, sti cazzi di batteri non sono mai contenti!... Sono sempre con le valigie in mano e il passaporto in tasca!...

E così, come stavo dicendovi, durante un bacio di media durata, oltre allo scoppiettio di quelle scintille generative deputate ad accendere la voglia di fare sesso, transitano nella nostra bocca e nella bocca che abbocca alla nostra bocca, una media di un miliardo di batteri, e sottolineo <u>un miliardo</u> di batteri, di tutti i colori, di tutte le razze e forme, provenienti da tutte le più zozze gallerie dentali, gengivali e paralinguali che soltanto l'Odontoiatra, munito di apposita mascherina, riesce a mettersi in contatto con tali popolazioni indigene, tramite congruo versamento in euro, anche a rate!

Quindi, amici carissimi, ricordatevi che durante un solo bacio si scambiano, in media, un miliardo di batteri. Io ti do un miliardo di batteri a te e tu mi dai un miliardo di batteri a me! Milione in più, milione in meno. Chi se ne frega!... Tra amici!... Ma perché, direbbe il più ignorante di voi, avviene questa osmosi, questo scambio?...

(Perché?... Chi ha detto perché?... Chi è questo ignorante?... Via!... Fuori!... Non vogliamo batteri nella nostra classe!..)

Dunque, questo avviene perché questi animaletti, che vivono felici e contenti nella nostra bocca, vogliono emigrare? Perché, direte voi, desiderano così ardentemente lasciare il loro posto ad altri?... Sono denutriti?... Sono incazzati con noi?... Li abbiamo strofinati troppo?... Li abbiamo lavati con frequenza insopportabile?... O, per caso, abbiamo usato qualche collutorio a loro non gradito?... E che cazzo ne so io, perché non chiedete direttamente a loro?

Amici, prendo nota, con soddisfazione, che voi non fate altro che domande! È chiaro che siete molto interessati a tale problematica!... Oggi, grazie a questo corso, avrete le giuste risposte, le risposte che meritate, quelle che vi rimetteranno a posto lo spirito, la bocca e qualcos'altro di più privato e intimo: il cuore! Proprio così, perché il nostro cuore è un organo collegato a tutti gli altri organi, compreso l'organo elettrico. Chiaro?...

E adesso, desidero raccontarvi una piccola storiella che mi è capitata proprio qualche minuta fa.

Mentre stavo preparandomi in camerino, una signora è venuta a trovarmi. L'ho fatta entrare e con evidente imbarazzo mi ha chiesto una cosa davvero curiosa.

- Dottore, mi scusi se la disturbo, ma vorrei sapere cosa avviene nella realtà durante il bacio?
- Cosa avviene? Se ha la bontà di ascoltare la mia relazione, lo saprà! È un argomento che mi sta molto a cuore!
- Vede, dottore, io sono preoccupata anche per un'altra cosa!
- Signora, io non sono un dottore, quindi, se ha dei problemi vada dal suo medico!
- Non mi fraintenda, la prego!... Io, caro dottore, sono preoccupata per motivi molto personali e sono convinta che lei potrà chiarirmi, subito!
- Guardi che l'argomento, in fondo, non è dei più difficili! Come già detto, vada pure e mi ascolti!
- Dottore, io ho dei problemi di sesso!
- L'avevo capito, gentile signora! Vada, sarà una delle prime argomentazioni che io tratterò!
- Sono preoccupata, troppo preoccupata!
- Stia tranquilla, signora, a tutto c'è rimedio!... Quasi a tutto!...
- Purtroppo, per una strana forma allergica, non riesco a ricordare come avviene il concepimento, né la parte in cui il feto viene alla luce!

- Non si preoccupi, ah,ah,ah, non è un grave problema!... E poi, considerando la sua età, non dovrebbe averne più di questi fastidi!... Vada, la prego!... Ah, ah, ah!...
- Non rida, dottore!.. Sa, è passato tanto di quel tempo!
- Vada, questa sera spero di riuscire a dare una rinfrescatina alla sua...
- alla mia...
-...alla sua memoria!

Secondo voi, cosa avrei dovuto risponderle? Deve, uno studioso, dire sempre la verità? Deve uno studioso mandare a quel paese una settantenne che gli chiede aiuto?... In quel momento, confesso, non me la sono sentita. La guardai negli occhi, le guardai le labbra, le dissi di mostrarmi la sua cavità orale e lei, con molta naturalezza si tolse la dentiera, me la diede in mano per tenergliela e spalancò la bocca: ebbi l'impressione di osservare da vicino la bocca fumante di un ippopotamo sdentato. Non le risposi!... Non potevo!... Pensavo solo a respirare. Con un filo di voce la pregai di uscire, di andare a prendere posto in sala e, possibilmente, di andarsi a sedere in fondo, all'ultima fila, per meglio ascoltare la mia prolusione.

Che ipocrita che sono stato!... Le garantii, sul mio onore, che dal fondo avrebbe capito e ascoltato meglio che in prima fila. Lei non capì perché la pregavo di collocarsi tra le ultime file, ma intuì che doveva trattarsi di un paradosso psicologico. Chiuse la bocca, aprì la porta e uscì. Ritornò quasi subito per riprendesi la dentiera che, nel frattempo, si era surriscaldata a contatto della mia mano.

Sicuramente, non sono stato molto gentile con lei, è vero e me ne dolgo! Ma come si fa ad annusare il vento dopo essere uscito dalle fogne?... Come si fa?...
Io, cara la mia signora, adesso le risponderò e per delicatezza non farò il suo nome!... La indicherò soltanto con l'indice: così!... Mi vede? Signora, a me gli occhi!... Mi guardi e ascolti bene!…Sì, dico a lei!...

(Noto, con disappunto, che questa sala è affollata di curiosi!... Complimenti!... Non voltatevi! Abbiate rispetto per la nostra privace!)

- Dunque, cara signora, lei voleva sapere... voleva sapere... per favore, può ripetermi la domanda?... Scusi, scherzavo!... Lei mi ha chiesto cosa avviene nella realtà durante il bacio. È così?... Prego, abbassi la testa!... Abbassi!... Bene!... Basta!... Ok!... Veda, cara signora, in proposito esistono diverse scuole di pensiero. Questa sera, per vostro esclusivo beneficio, tratterò le più importanti e scientificamente le più conclamate. Come molti di voi non sanno, i batteri sono degli animaletti parassiti e quando dico parassiti intendo dire che mangiano e bevono senza andare a lavorare, cioè, senza guadagnarsi, col mitico sudore della fronte, il loro diritto alla vita. Secondo una mia personale teoria, chi mangia e beve, senza andare a lavorare, è uno che ha capito molto bene come funziona la nostra società! Difatti, c'è un proverbio che dice: chi lavora mangia e chi non fa niente mangia e beve! Se fra di noi si dovesse annidare un parassita è pregato di alzare la mano!... Desidero complimentarmi per la scelta!...

La prima scuola di pensiero, quella facente capo al filosofo... (*citare il nome di un personaggio presente, di uno famoso o di uno immaginario)* sostiene che, se immergiamo un corpo in una bocca, la saliva che si sposta è proporzionata al volume del corpo stesso. Da questa semplice, ma indiscutibile intuizione fisica, di Archimedeàna memoria, si deduce che più cibo offriamo ai porci e più i porci s'ingrassano. Se a porci sostituiamo batteri abbiamo già la risposta!... È chiaro?... Chi di voi non ha capito?...

(Lei non ha capito?... Bene, vada fuori a ripassare! E si porti anche sua moglie: non l'abbandoni qui, senza alimenti e senza chiavi di casa!)

La seconda scuola di pensiero, quella che fa capo al matematico *(citare il nome di un altro personaggio)* sostiene che: se una frazione è meno di un intero perché non frazionare l'intero per rendere più frazionata la frazione, così come si è fatto con l'euro?

Adottando questo indiscutibile teorema si perviene alla conclusione che: meno cibo si offre ai porci e meno i porci s'ingrassano. Se a porci sostituiamo uomini... pardon, batteri, abbiamo la risposta servita in un vassoio d'argento!... Avete capito?... È il caso che qualcuno vada fuori?... Bene!...

Concludo annotando con soddisfazione che la lezione di oggi vi tiene ancora aggrappati alle vostre scomode poltrone. Si vede proprio che l'argomento riveste di per sé una certa urgenza di pratico approfondimento. Noto, anche, che il tema odierno, apparentemente frivolo e superato, non riveste, soltanto, un carattere frivolo, farcito di piacevole intrattenimento goliardico, no, signori, trattasi di un tema socio-culturale che trascende l'individuo, in quanto entità astratta e distratta, per diventare problematica sociale. Desidero solamente che ognuno di voi si renda conto che le radici storiche del bacio hanno delle fondamenta poco profonde nella nostra cultura occidentale. Dobbiamo fare in modo che il bacio non sia soltanto una parentesi ma un approdo, un inizio, un incontro tra due anime che si offrono alla vita e per la vita!

Diciamoci la verità, noi, soprattutto noi uomini, siamo ubriachi di sesso, ma non per aver bevuto più del necessario, ma per averne sentito parlare più che per averne parlato o praticato. Come a dire: più che nella pratica noi siamo bravi in teoria orale. È vero, signori uomini!... Dico, è vero?...

E adesso, per una sorta di purificazione collettiva, invito i signori a confessarsi, qui, dinanzi alle loro consorti!... Alzatevi uno per uno e confessate!... Vi vergognate?... Bene, allora facciamo una confessione collettiva e generica. Prego, signori uomini, alzatevi. Alzate la mano destra, così, e rispondete alle mie domande: ditemi, è vero che noi, ogni tanto, abbiamo qualche cattivo pensiero? *(Sì)* È vero che noi uomini ammiriamo le belle donne? *(Sì)* È vero che noi, per una strana forma di altruismo, ci porteremmo a casa l'ultima e la penultima miss Italia?... *(Sì)* Grazie!... Adesso scambiatevi un segno di pace con la vostra lei, o con il vostro lui!... Questa sera, prima di andare a letto, battetevi tre volte il petto e ringraziate il Signore per avervi donato il vero gusto della vita: l'amore! Auguri!...

Io, grazie all'esperienza, sono convinto che nei meandri della nostra personalità, vive e vegeta la mentalità di un mandrillo, di uno che metterebbe incinta anche la coniglietta di peluche di Cappuccetto Rosso!... È vero? Confessatevi!...

(Signore, dove va?.. Il confessionale è da quella parte!)

Scusateci, Signore, perdonateci se potete, ma noi uomini, noi peccatori, quando siamo presi dalla libido, dall'eccitazione pre eiaculazione, spesso assumiamo le fattezze dei maiali: animali domestici che si sforzano di parlare in perfetto italiano mentre tentano di camminare in punta di zoccoli, come se volassero!

- Prego, signorina, dopo di lei!... Ma, acciderba, lo sa che lei somiglia... somiglia... aspetti, si lasci guardare con più attenzione!... Ma certo!... Che smemorato!... Lei mi ricorda proprio la mia dolcissima e simpaticissima maestra di scuola elementare?... Cribbio, non vorrei che fosse la di lei figlia!... Sarebbe un vero miracolo, questo nostro incontro, un miracolo voluto dal destino!... Mi permette, carissima, il grande onore di potermi umilmente presentare?... Io, sono il cavaliere... eccetera ed eccetera, suo devotissimo ammiratore e servo!... Ai suoi comandi!...

È vero, signore?... Sì, parlo a lei!... Mi dica, si è riconosciuto?... Anche lei parla e si muove così, ancheggiando, quando tende la rete ad una bella pesciolina?... Lo so che anche lei è un “pescatore di perle!... Stia attento che sua moglie, prima o poi, ha deciso di fargliene ingoiare un paio!...

Noi, signori maschietti, quando vediamo scodinzolare qualche coniglietta ruspante, ci sentiamo più porci di un maiale! Questa è la nostra benedetta maledizione!

Però, se me lo permettete, desidero chiudere questo mio intervento con un augurio da uomo: possa la nostra generazione e le generazioni future continuare a scambiarsi un miliardo di batteri ad ogni bacio piuttosto di una sola cannonata ogni tre giorni!...

Lunga vita al bacio e lunga vita ai “porci con le ali” che vivono d’amore, per amore e con amore!... Evviva il bacio!...

FINE

ASSOCIAZIONE CULTURALE
IL VENTAGLIO
VIA M 1 N. 10
90040 CAPACI (PA)

No - profit

Ed. Lulu.com

Stampato presso gli stabilimenti Lulu.com
nel mese di novembre 2010

www.ingramcontent.com/pod-product-compliance
Ingram Content Group UK Ltd.
Pitfield, Milton Keynes, MK11 3LW, UK
UKHW020216250726
13967UKWH00001B/37

9 781446 674918